लोकसंग्रहसन्देशः

लोकसंग्रहसन्देशः

लेखक

डॉ० सत्य प्रकाश अग्रवाल

पीएच०डी०

दक्षिण एशिया अध्ययन केन्द्र

कैलिफोर्निया विश्वविद्यालय

बर्कले, कैलिफोर्निया, यू०एस०ए०

Publisher:

URMILA AGARWAL

11293, Ridermark Road

Columbia, MD 21044

U.S.A.

प्रकाशक :

उर्मिला अग्रवाल

११२९३ राइडरमार्क रोड

कोलम्बिया, मेरीलैण्ड २१०४४

यू०एस०ए०

प्रथम संस्करण, कोलम्बिया, मैरीलैंड, *१९९७*

First Edition, Columbia, MD, *1997*

ISBN: 81-208-1588-2

प्रकाशक

उर्मिला अग्रवाल

११२९३ राइडरमार्क रोड, कोलम्बिया

मेरीलैण्ड २१०४४

यू०एस०ए०

Publisher

URMILA AGARWAL

11293, Ridermark Road, Columbia, MD 21044

U.S.A.

वितरक

उर्मिला अग्रवाल

सी० १५७ आनन्द विहार, दिल्ली-११००९२

मोतीलाल बनारसीदास

बंगलो रोड, दिल्ली-११०००७

मुद्रक

श्री जैनेन्द्र प्रेस, नारायणा फेज-१, नई दिल्ली-११००२८

प्रास्ताविकम्

'भवद्गिरामवसरप्रदानाय वचांसि नः। पूर्वरङ्गः प्रसङ्गाय सन्दिग्धे नाट्यवस्तुनि ॥' इत्युक्तंमहाकविभिः। इहात्रभवतः श्रीमतः सत्यप्रकाशस्य अगरवालकुलललामस्य The Social Message of the Gita इत्याख्यो ग्रन्थः वर्षद्वयात् पूर्वमेव नवदिल्ल्यां प्राकाश्यं गतः। तदानीमेव आमुखलेखनमिषेण मया सानन्दं प्रस्तुता सा कृतिः। श्रीमद्भगवद्गीताया लोकसंग्रहपरं कर्मयोगपरं जनतोद्धारपरं भाष्यं संस्कृत श्लोकैः आङ्ग्लविवरणेन च रचितं सत्यप्रकाशेन। अरविन्दघोषमहोदयेन लोकमान्यतिलकमहोदयेन चैतादृशार्थपरं व्याख्यानं पूर्वमेव कृतमासीत्। मयापि स्वलेखने गीतायां कर्मयोगपरो भागोऽतिप्राचीनस्ततो वेदान्तपरो भक्तिपरश्च भागः प्रायशः कालान्तरेण केनचिद् विरचित इत्येतादृशं मतमुपन्यस्तम्। गीताग्रन्थस्य प्रारम्भः युद्धभूमौ युद्धोद्यमाद् विरताय अर्जुनाय युद्धकरणे प्रोत्साहनार्थं सञ्जातः। अन्ते च 'करिष्ये वचनं तव' इत्युक्त्वा स एवार्जुनो युद्धाय प्रवर्तते। एतादृशस्य गीताग्रन्थस्य केवलभक्ति-परं केवलसंन्यासपरं वा विवरणं महाभारतकथाप्रसङ्गेन विसंवदति। गीतायां भक्तेः स्वरूपं 'स्वकर्मणा तमभ्यर्च्य सिद्धिं विन्दति मानवः' इति वचनेन निर्दिश्यते। गीतायां न कर्मसंन्यासः किन्तु कर्मफलसंन्यास एव स्वीकार्यत्वेन कीर्तितः।'कर्मणैव हि संसिद्धिमास्थिता जनकादयः' इति, 'कुरु कर्मैव तस्मात् त्वं पूर्वैः पूर्वतरं कृतम्' इति च भगवत उपदेशः। एतच्च कर्म न स्वकामनापूरणार्थमपि तु स्वकामनापरित्यागपूर्वं

सकललोकसमुद्धरणार्थं यथा स्वयमीश्वरः करोति तथैव मानवेनापि कार्यमिति भगवान् स्वोदाहरणदर्शनेनोपदिशति—'उत्सीदेयुरिमे लोका न कुर्यां कर्म चेदहम्' इति। एवं मूलतो गीताग्रन्थः कर्मयोगपर एवेति मदीया मतिः। श्रीमतः अगरवालमहोदयस्य पूर्वग्रन्थगताः श्लोका अधुना स्वतन्त्रतया पुस्तिकारूपेण प्रकाशं गच्छन्तीत्यवलोक्य महान् मे प्रमोदः। एते श्लोका आधुनिकसंस्कृतप्रयोगप्रचुरा आधुनिकवाचकानां सन्तोषं जनयिष्यन्तीत्यत्र न मे मनसि संशयः। गीताया उपदेशो न केवलं धर्मेतिहासविमर्शेऽन्तर्भावमर्हति। अस्माकं सर्वेषां कृतेऽद्यावधि कार्याकार्यविवेकजनकोऽयमुपदेशोऽत्र सत्यप्रकाशमहोदयेन सुलभतया प्रकटीकृतः। एतादृशं कार्यं कुर्वन्नसौ नितरामभिनन्दनार्हः। एवं भविष्यत्यपि भूयांसि ग्रन्थरत्नान्यसौ विरचयतु इत्येव भगवन्तं संप्रार्थ्य विरम्यते।

डा० माधव मुरलीधर देशपाण्डे
संस्कृतभाषाशास्त्रप्राध्यापकः
मिशिगन् विश्वविद्यालयः
अनार्बर्, मिशिगन्, यू०एस्०ए०

विषय-सूची

प्रास्ताविकम्		v
समर्पणम्		ix

प्रथमो भागः
गीतायां लोकपक्षप्रतिपादनम्

प्रथमोऽध्यायः	नवयुगारम्भः	३
द्वितीयोऽध्यायः	देशे काले योगविशेषः	५
तृतीयोऽध्यायः	अवतारः प्राणिवर्गो लोकसंग्रहहेतवः	७
चतुर्थोऽध्यायः	स्वलाभात्परं स्वजनहितादपि परम्	९
पञ्चमोऽध्यायः	श्रेयोऽर्थं समत्वबुद्धिः साम्यदृष्टिस्तु लोकसंग्रहाय	११
षष्ठोऽध्यायः	भक्तेर्ज्ञानस्यापि पूर्णत्वं लोकसंग्रहे	१३

द्वितीयो भागः
लोकहिते गीताप्रयोगकथाचयनम्

सप्तमोऽध्यायः	राममोहनरायेण स्त्रीवर्गरक्षार्थं गीताप्रयोगः	१७

अष्टमोऽध्यायः विवेकानन्देन संस्थापितं सेवाकार्य-प्राधान्यम् १९
नवमोऽध्यायः तिलकेन राजनैतिकसंघर्षायापि गीताप्रयोगः २१
दशमोऽध्यायः अरविन्दस्य लोकसंग्रहसंदेशः सर्वमुक्तिरूपेण २३
एकादशोऽध्यायः गांधिना अहिंसाप्रतिपादनं लोकसंग्रहार्थे २७

तृतीयो भागः

रेखाङ्कनं नवरूपाणां लोकसंग्रहस्य

द्वादशोऽध्यायः अहिंसया भेदभावमुक्तये नवयुक्ति-प्रयोगाः ३३
त्रयोदशोऽध्यायः यज्ञो नवरूपेण ३५
चतुर्दशोऽध्यायः तपोदानं नवरूपेण ३७
पञ्चदशोऽध्यायः पुरुषार्था लोकसंग्रहसमन्विताः ३९
षोडषोऽध्यायः पारिवारिकसम्बन्धाद् दायित्व-भावदर्शनम् ४१
सप्तदशोऽध्यायः अहंकारो रिपुर्महान् ४३
अष्टादशोऽध्यायः उपसंहाररूपेण लोकसंग्रहसप्तकम् ४५

समर्पणम्

ज्ञातुं सन्देशं गीतायाः समयस्थानानुकूलम् ।
वाञ्छितं भावचयनं सर्वकल्याणकारकम् ॥ १ ॥

प्रोक्तुं गीताभावमेव सरलं शब्दमाश्रित्य ।
लिखितो नवीनो ग्रन्थः सर्वभूतहिताय हि ॥ २ ॥

न तु लेखके विद्वत्ता रचयितुं काव्यपदम् ।
अन्तःप्रेरितः प्रयासः श्रीगीताश्रोत्रिभ्योऽर्पितः ॥ ३ ॥

धन्या विद्वन्महोदया बर्कलेशोधसंस्थाने ।
गोल्डमैनः पुलोसश्च तथैव वैननूतनः ॥ ४ ॥

धन्यः प्रस्तुतिलेखको देशपाण्डेश्रीमाधवः ।
मिशिगने विद्यालये संस्कृतभाषापण्डितः ॥ ५ ॥

प्रेरका मम शिक्षकाः पितामातागुरुजनाः ।
भगिनी भ्रातरो भार्या श्रेष्ठो जानीनटवरः ॥ ६ ॥

अन्ये च बहवो धीरा मदर्थे हितकामिनः ।
अलिखितनामभिस्ते मम लेखनप्रेरकाः ॥ ७ ॥

लोकसंग्रहसन्देशो वस्तुतो हरिप्रेरितः।
श्रृण्वन्तु श्रीगीताभक्ताः सर्वेषां हितकाम्यया॥ ८॥

अस्मिन् ग्रन्थे त्रयो भागा वक्तुं भावं विस्तरशः।
पठनीयो ह्यशेषेण लोकसंग्रहसन्देशः ॥ ९॥

सत्य प्रकाश अग्रवाल

दक्षिण एशिया अध्ययन केन्द्र
कैलिफोर्निया विश्वविद्यालय, बर्कले
१५ अगस्त १९९७

प्रथमो भागः

गीतायां लोकपक्षप्रतिपादनम्

प्रथमोऽध्यायः

नवयुगारम्भः

द्विशताब्दपूर्वमहो शृण्वन्तु हितकामिनः।
गीताप्रयोगस्यारम्भः त्रस्तजनवर्गहिते॥ १॥

परिस्थितिः सामाजिकी बाहुल्येन कुरीतीनाम्।
वर्णिता ह्यतिदुःखदा नारीभ्यस्तु विशेषतः॥ २॥

विधवानां देहदाहो निम्नतमकोटिपापम्।
अंधविश्वासजनिता बालहत्या जले त्यक्त्वा ॥ ३॥

गीतामंत्रप्राकट्यघोषणा—

एतस्मिन् काले कराले रक्षामंत्रः श्रीगीतोक्तः।
प्रकटोऽभवद्धि पुनः यथा पूर्वं कुरुक्षेत्रे ॥ ४॥

गीताप्रयोगकथानां लोकहिते नवयुगे ।
वर्णनं समासतोऽत्र कृतं मंगलेच्छया हि ॥ ५॥

न तु लेखके विद्वत्ता रचयितुं काव्यपदम् ।
अन्तःप्रेरितः प्रयासः श्रीगीताश्रोतृभ्योऽर्पितः ॥ ६ ॥

लोकसंग्रहसंदेशो जनहिते गीताशिक्षा ।
नवयुगकथासारो ग्रन्थस्य नाम कायश्च ॥ ७ ॥

द्विशतश्लोकमाध्यमात् द्विशतवर्षकथानाम् ।
सारांशोऽत्र प्रतिष्ठितो लोकसंग्रहसन्देशः ॥ ८ ॥

द्वितीयोऽध्यायः

देशे काले योगविशेषः

गीताग्रन्थो योगशास्त्रः परं तु देशे काले च ।
रूपविशेषो योगस्य बुद्धिप्रयोगात् संज्ञितः ॥ १ ॥

शब्दार्थमात्रं गीताया न ददाति पूर्णभावम् ।
स्वानुभवाद्गूढ़भावं पश्याशब्दं श्रुतौ यथा ॥ २ ॥

ज्ञानयोगः शंकरेण भक्तिः रामानुजेन च ।
बोधितस्तथैवाधुना कर्मयोगस्तिलकेन ॥ ३ ॥

समयस्थानानुकूलो निःश्रेयसकरो योगः ।
युगधर्माद्यथाशक्यं प्राणिनामप्यभ्युदयः ॥ ४ ॥

लोकसंग्रहविश्वासघोषणा—

यदा यदा जनवर्गा भेदत्रस्ता निराश्रयाः ।
तदागमन्गीताभक्ता रक्षार्थं तेषामन्यायात् ॥ ५ ॥

एवं तु गीतायोगिभिः अवतारेण वा पुनः ।
न हि नीतिरक्षणं चेत् कस्तदा श्रीगीतां पठेत् ॥ ६ ॥

अन्यधर्मप्रचारका अवदन् कटुवाक्यं हि ।
क्रूरताविरोधाद्विना गीताधर्मः कथं जीवेत् ॥ ७ ॥

न किंचित् नवीनमस्मिन् अध्यात्मवादसंघर्षे।
विषमा स्थितिरेव हि गीतोपदेशप्रेरिका ॥ ८ ॥

विषमे सपुपस्थितमर्जुनं प्राह श्रीकृष्णः ।
क्षुद्रं हृदयदौर्बल्यं त्यक्त्वोत्तिष्ठ परन्तप ॥ ९ ॥

स्वार्थेच्छया ह्यविद्वांसो यथा कुर्वन्ति सक्ताश्च ।
कुर्याद्विद्वांस्तथाऽसक्तश्चिकीर्षुर्लोकसंग्रहम् ॥ १० ॥

लोकसंग्रहभावेन रक्षिता निर्बला वर्गाः ।
संघर्षः कर्मयोगिभिः यथा नारीरक्षणाय ॥ ११ ॥

संघर्षेषु प्रयुक्तानि साधनानि नवान्येव ।
देशकालपात्रोचिता वर्णिता हि गीताशिक्षा ॥ १२ ॥

निश्चितः किं तु संदेशो लोकसंग्रहकारकः ।
आर्तजनवर्गहितं प्राप्तव्यं गीतायोगिभिः ॥ १३ ॥

तृतीयोऽध्यायः

अवतारः प्राणिवर्गो लोकसंग्रहहेतवः

सम्भवामि युगे युगे सद्घोषणा श्रीकृष्णस्य ।
तत्कर्म नीतिरक्षणं प्रोक्तं च लोकसंग्रहः ॥ १ ॥

प्रभावो हरिकर्मणो वर्णितः संजयेन हि ।
तत्र श्रीर्विजयो भूतिर्ध्रुवा नीतिर्मतिर्मम ॥ २ ॥

ध्रुवानीत्याः सत्प्रभावादभावः क्रूरकर्मणः ।
आर्द्रभावो व्यवहारे न्यायभावनाप्रेरितः ॥ ३ ॥

उत्सीदेयुरिमे लोका न कुर्यां कर्म चेदहम् ।
एवं वर्णितं कृष्णेन रूपं लोकसंग्रहस्य ॥ ४ ॥

उक्तमवतारकर्म धर्मसंस्थापनादि च ।
न भिन्नं लोकसंग्रहात् विमृष्टं यद्यशेषेण ॥ ५ ॥

रामायणेऽपि लोकमंगलघोषणा—

गीतायां लोकसंग्रहो रामायणे तु मंगलम् ।
यथा सर्वभूतहितं तथैव लोकमंगलम् ॥ ६ ॥

मत्कर्म कुरु संदेशः पार्थहिते श्रीकृष्णस्य ।
अवतारः प्राणिवर्गो लोकसंग्रहहेतवः ॥ ७ ॥

गीतोपदेशः कृष्णस्य न केवलं पार्थाय हि ।
ये ये तु सेवासंलग्नाः तेभ्यो मंगलकामेभ्यः ॥ ८ ॥

तत्रैवं सति पार्थस्य दृष्टव्या विषमा स्थितिः ।
मोहजनितश्च शोकः श्रोतव्यो ज्ञातुं गीतार्थम् ॥ ९ ॥

चतुर्थोऽध्यायः

स्वलाभात्परं स्वजनहितादपि परम्

अर्जुनः स्वधर्मं त्यक्त्वा स्वजनासक्तिमोहितः ।
भैक्ष्यमपि श्रेयो भोक्तुमित्याह श्रीभगवन्तः ॥ १ ॥

अनिवार्यं तु कर्मेति मुख्यादेशो भगवतः ।
शरीरयात्राऽपि च ते न प्रसिद्ध्येदकर्मणः ॥ २ ॥

अनुचिता भिक्षावृत्तिः तया परावलम्बनम् ।
स्वावलम्बनं दानं वा सम्भवमेव कर्मणा ॥ ३ ॥

अर्जुनं प्राह श्रीकृष्णो विषमे समुपस्थितम् ।
द्विविधरूपं वैषम्यं वैयक्तिकं सामाजिकम् ॥ ४ ॥

अर्जुनस्य दृष्टिकोणं सीमितमिति दर्शितम् ।
तस्मिन् स्वलाभः प्रमुखः तथा स्वजनरक्षणम् ॥ ५ ॥

पार्थमते कुरुक्षेत्रे क्रूरः स्वजनसंग्रामः ।
स्यामः कथं हि सुखिनो हत्वा स्वजनं तद्वचः ॥ ६ ॥

कोऽर्थो वाञ्छितः पार्थेन स्वलाभः स्वजनाय च ।
तन्मते विषमा स्थितिः मुख्यतो हि वैयक्तिका ॥ ७॥

कृष्णमते कुरुक्षेत्रे संघर्षः साधुदुष्कृताम्।
साधूनां रक्षणं ध्येयः तथैव लोकसंग्रहः ॥ ८॥

अवतारघोषणा सामाजिकवैषम्याय हि—

सामाजिकं वैषम्यं हि मुख्याधारोऽवतारस्य ।
तेन धर्मसंस्थापनं ध्रुवानीत्यास्तु सूचकम् ॥ ९॥

ध्रुवानीतिसंस्थापने नियंत्रितः स्वार्थभावः ।
स्वजना अप्यपर्याप्ताः सर्वहितं हि वाञ्छितम् ॥१०॥

न केवलं स्वलाभो हि स्वजनहितं वा पुनः ।
अपि तु लोकसंग्रहो ध्येयो जनकस्य यथा ॥ ११॥

प्रायो गीतोपदेशस्य पठितमर्धमात्रं हि ।
कर्मयोगे फलत्यागं तथा भक्तिं च ज्ञानं च ॥ १२॥

अपूर्णास्तु मार्गमात्रा बिना हि लक्ष्यविस्तारात् ।
लक्ष्ये च तेषां पूर्णत्वं प्राप्तव्यं लोकसंग्रहे ॥ १३॥

लोकहितं यथाशक्यं संपश्यन् निजपौरुषम् ।
तदेव ज्ञेयं गन्तव्यं स्वलाभात् स्वजनहितात्॥ १४॥

पञ्चमोऽध्यायः

श्रेयोऽर्थं समत्वबुद्धिः साम्यदृष्टिस्तु लोकसंग्रहाय

अर्जुनो धर्मसम्मूढः सीमिता तस्य वन्दना।
तदेकं वद निश्चित्य येन श्रेयोऽहमाप्नुयाम्॥ १॥

श्रेयः कठोपनिषदि पुनश्च हरिगीतके।
पर्यायवाची मोक्षस्य तथा भिन्नं च प्रेयसः॥ २॥

आदौ कथितो हरिणा योगो निःश्रेयसकरः।
ततो लोकसंग्रहस्य महिमाऽपि सुवर्णिता॥ ३॥

श्रेयोऽर्थं भगवान् प्राह कर्मयोगं समाचर।
कर्मसु कौशलार्थं तु फलत्यागो निर्धारितः॥ ४॥

कर्मण्येवाधिकारस्ते मा फलेषु कदाचन।
मा कर्मफलहेतुर्भूर्मा ते सङ्गोऽस्त्वकर्मणि॥ ५॥

सात्त्विकं कर्म निष्पापं निःस्वार्थभावनाश्रितम्।
तस्मात् नारायणः प्राह तत्कुरुष्व मदर्पणम्।। ६ ॥

कर्मयोगी फलं त्यक्त्वा समाचरति साधनम्।
तस्मात्तत्कर्म सफलं योगः कर्मसु कौशलम् ॥ ७ ॥

पुनश्च भगवान् प्राह योगस्य कुशलां विधिम्।
सिद्ध्यसिद्ध्योः समो भूत्वा समत्वं योग उच्यते ॥ ८ ॥

साम्यात् लोकसंग्रहघोषणा—

ततो लोकसंग्रहाय साम्यदृष्टिः सुवर्णिता।
आत्मौपम्येन भावेन सहानुभूतिः सर्वेषु ॥ ९ ॥

आत्मौपम्यभावः सदा घोषितो दर्शनज्ञाने।
सर्वेषां सुखदुःखेषु साम्यदृष्टिः व्यवहारे ॥ १० ॥

द्विविधरूपा वर्णिता समत्वबुद्धिः कृष्णेन।
प्रथमा हि सिद्ध्यसिद्ध्योः द्वितीया सर्वभूतेषु ॥ ११ ॥

श्रेयोऽर्थं महत्त्वपूर्णा समबुद्धिः सिद्ध्यसिद्ध्योः।
तथा लोकसंग्रहाय साम्यं तु सर्वभूतेषु ॥ १२ ॥

एवं कृतः समन्वयो लोकसंग्रहश्रेयसाम्।
समत्वबुद्ध्या हि श्रेयः साम्यात्तु लोकसंग्रहः ॥ १३ ॥

षष्ठोऽध्यायः

भक्तेर्ज्ञानस्यापि पूर्णत्वं लोकसंग्रहे

लक्षणं स्थितप्रज्ञस्य भक्तस्य ज्ञानिनस्तथा।
उक्तं भिन्ने भिन्ने स्थाने किं तु लक्ष्यसमागतिः ॥ १ ॥

समत्वबुद्धिः प्रत्येके योगे तथैव साम्यं च।
उक्तश्च योगी प्रत्येको निर्ममो निरहंकारः ॥ २ ॥

विहाय कामान्यः स्वार्थान् पुमांश्चरति निःस्पृहः।
निर्ममो निरहंकारः स शान्तिमधिगच्छति ॥ ३ ॥

सर्वयोगेभ्यो लोकसंग्रहघोषणा—

निर्ममो निरहंकारो लोकसंग्रहसूचकः।
न केवलं कर्मयोगे तथैव भक्तौ ज्ञाने च ॥ ४ ॥

तदर्थं लक्षणं पश्य द्वादशाध्याये भक्तस्य।
अष्टादशे ज्ञानिनोऽपि प्रवक्तं श्रीभगवता ॥ ५ ॥

अहंकारं बलं दर्पं कामं क्रोधं परिग्रहम्।
विमुच्य निर्ममः शान्तो ब्रह्मभूयाय कल्पते॥ ६॥

ब्रह्मभूतः प्रसन्नात्मा न शोचति न कांक्षति।
समः सर्वेषु भूतेषु मद्भक्तिं लभते पराम्॥ ७॥

अद्वेष्टा सर्वभूतानां मैत्रः करुण एव च।
निर्ममो निरहंकारः समदुःखसुखः क्षमी॥ ८॥

संतुष्टः सततं योगी यतात्मा दृढनिश्चयः।
मय्यर्पितमनोबुद्धिर्यो मद्भक्तः स मे प्रियः॥ ९॥

समः शत्रौ च मित्रे च तथा मानापमानयोः।
शीतोष्णसुखदुःखेषु समः संगविवर्जितः॥ १०॥

तुल्यनिन्दास्तुतिर्मौनी संतुष्टो येन केनचित्।
अनिकेतः स्थिरमतिर्भक्तिमान्मे प्रियो नरः॥ ११॥

आत्मशान्तिस्तु योगस्य केवलं रूपमांशिकम्।
पूर्णत्वं सर्वयोगानां प्राप्तव्यं लोकसंग्रहे॥ १२॥

द्वितीयो भागः

लोकहिते गीताप्रयोगकथाचयनम्

सप्तमोऽध्यायः

राममोहनरायेण स्त्रीवर्गरक्षार्थं गीताप्रयोगः

योगिनः कर्म कुर्वन्ति सङ्गं त्यक्त्वात्मशुद्धये।
तथैव स्वार्थरहिताः संलग्ना जनताहिते ॥ १ ॥

लोकसंग्रहसंलग्ना अनेके कर्मयोगिनः।
यथा नारीरक्षणाय श्रीरायो राममोहनः ॥ २ ॥

विधवादाहविषये गीताविरोधघोषणा—

स्वर्गेच्छा गीताविरुद्धा प्राह श्रीराममोहनः।
फलेच्छया कृतो दाहः कथं श्रीगीतासम्मतः ॥ ३ ॥

कुरीतिभारेण त्रस्ता पुनर्विवाहवर्जिता।
स्वर्गप्राप्तिप्रलोभेन विधवाग्नौ प्रज्वलिता ॥ ४ ॥

कुलसम्पत्तिलोभस्तु वास्तविकः प्रयोजनः।
धर्मरीतिः नाममात्रं श्रीराममोहनमते ॥ ५ ॥

यां तु शिक्षा न प्रदत्ता दौर्बल्यभावनाश्रिता।
दाहसमर्थकमते किं तया निष्कामकर्म ॥ ६ ॥

गीताश्लोकं कथयन्तः किं त्वाश्रिता भेदभावं।
संलग्नाः क्रूरकर्मणि कथमेतद्गीताज्ञानम् ॥ ७ ॥

विधवानां देहदाहो मानवहत्या नान्यथा।
एवं प्राह गीताज्ञाता श्रीरायो राममोहनः ॥ ८ ॥

कुत्र गता गीताभक्ताः प्रश्नो राममोहनस्य।
मानवहत्यां त्यजेयुः यान्दृष्ट्वा क्रूरकर्मिणः ॥ ९ ॥

गीताज्ञानप्रयोगेन विधवादाहं संहर्तुम्।
अभयशीलयत्नेन जनमतः संस्थापितः ॥ १० ॥

स्त्रीवर्गहिते गीतायाः सामाजिकप्रकरणे।
प्रथमः प्रयोग इति रामरायस्य घोषितः ॥ ११ ॥

अष्टमोऽध्यायः

विवेकानन्देन संस्थापितं सेवाकार्यप्राधान्यम्

गीताप्रयोगो द्वितीयः प्रमुखतो दरिद्रेभ्यः।
कृतो विवेकानन्देन स्थापयित्वा नवमठम्॥ १॥

रामकृष्णस्योपदेशो गीताशास्त्रादिसम्मतः।
आत्मनः श्रेयोऽर्थं सेवा लोकसंग्रहायापि च॥ २॥

श्रीमद्विवेकानन्देन संन्यासिनो नवादर्शः।
मोक्षार्थमात्मनस्तथा जगद्धिताय वर्णितः॥ ३॥

द्वितीयादर्शविरोधः कृतः श्रीयोगानन्देन।
किं तु सोऽपि विवेकेन सेवायोगे समाहितः॥ ४॥

श्रीमद्विवेकानन्दस्य लोकसंग्रहसन्देशः।
सम्मानितो मतैक्येन रामकृष्णमिशनेन॥ ५॥

मिशनसदस्यैः सदा शिक्षास्वास्थ्यवर्धनाय।
उपस्थितैः विषमेऽपि सेवोत्तमा सम्पादिता॥ ६ ॥

दरिद्रनारायणघोषणा—

न सेवा दैन्यभावेन नाहंकारात् मानेच्छया।
हरिरूपदरिद्राय मत्वैवं ज्ञानप्रेरिता॥ ७ ॥

दृष्ट्वा जीवं शिवरूपं तत्प्रतिं सेवासाहाय्यम्।
मते विवेकानन्दस्य वेदान्तो व्यावहारिकः॥ ८ ॥

वर्णितो वेदान्तज्ञानी / समदृष्टिः सिद्धान्तेन।
तस्मिंश्च कर्मयोगेन सेवाभावः पूर्णत्वाय॥ ९ ॥

विश्वविख्यातसभायां गीताश्लोकान् समाश्रित्य।
सर्वधर्मसमभावो विवेकेन सम्बोधितः॥ १० ॥

राजनीतिविषयेऽपि श्रीमद्विवेकानन्देन।
परोक्षरूपेणोत्तमा जागृतिश्च समुत्पन्ना॥ ११ ॥

आत्मविश्वासं धारय तदेव हरिविश्वासः।
शब्दो विवेकानन्दस्य बभूव जागृतिमंत्रः ॥ १२ ॥

सेवारतवेदान्ताय धर्माणां समन्वयाय।
नवादर्शप्रसाराय विवेकानन्दः पूजितः॥ १३ ॥

नवमोऽध्यायः

तिलकेन राजनैतिकसंघर्षायापि गीताप्रयोगः

राजनैतिके संघर्षे तीव्रप्रयोगो गीतायाः।
कृतः प्रत्यक्षरूपेण लोकमान्यतिलकेन॥ १॥

गीतासारः कर्मयोगो लोकसंग्रहमूलकः।
लोकसंग्रहप्राधान्यं श्रीतिलकेन घोषितम्॥ २॥

अर्जुनस्य कुरुक्षेत्रं वर्णितं महाभारते।
अद्य मुक्तियुद्धभूमिः तत्क्षेत्रं तिलकमते॥ ३॥

हीनभावं परित्यज्य कुरुष्व मुक्तिसंग्रामम्।
घोषणेयमुच्चारिता लोकमान्यतिलकेन॥ ४॥

अधिकाराय संघर्षघोषणा—

कथितं नवरूपेण तेन श्रीकृष्णस्य वचः।
क्षुद्रं हृदयदौर्बल्यं त्यक्त्वोत्तिष्ठाधिकाराय॥ ५॥

मुक्तियुद्धे लोकहिते प्राप्तुं लोकसमर्थनम्।
स्वराज्यः प्राह तिलको जन्मसिद्धोऽधिकारो मे ॥ ६ ॥

गीतानुयायिनोऽपि चेन्न त्यजेयुः पारतंत्र्यम्।
कथं ते ज्ञानिनो भक्ता अथवा कर्मयोगिनः ॥ ७ ॥

पारतंत्र्यं स्वातंत्र्यं वा केवलं आत्मनिर्णयः।
त्यक्तपरतंत्रभावो यः सदा मुक्त एव सः ॥ ८ ॥

एषा स्वातंत्र्यभावना न लभ्या बलहीनेन।
सर्वान् हि प्राह तिलकः कुरुष्व मुक्तिसंग्रामम् ॥ ९ ॥

जनकार्ये कारावासः तिलकेन प्रतिष्ठितः।
अलिखत् सः कारावासे गीतारहस्यसद्ग्रन्थम् ॥ १० ॥

तस्य निष्कामकर्मणा गीतार्थप्रसारेण च।
मुक्तिसंग्रामसंदेशः श्रुंतो देशे गृहे गृहे ॥ ११ ॥

तिलको लोकसेवको गीताज्ञानप्रचारकः।
लोकमान्यसम्मानेन सर्वहृदि संस्थापितः ॥ १२ ॥

दशमोऽध्यायः

अरविन्दस्य लोकसंग्रहसन्देशः सर्वमुक्तिरूपेण

श्रीअरविन्दघोषेण पाश्चात्यशिक्षाप्राप्तेऽपि।
कृतस्तु मुक्तिसंग्रामः त्यक्त्वा शासकीयपदम्॥ १॥

वन्दे मातरमित्युक्त्वा कार्याः क्रान्तिप्रसारार्थं।
अरविन्देन वेगेन मुक्तियुद्धाय सम्पन्नाः॥ २॥

श्रीगीतोक्तसाधनया प्राप्ता हरिध्यानस्थितिः।
तदारविन्दः कृष्णेन कारागृहे सम्बोधितः॥ ३॥

सर्वधर्मान् परित्यज्य मामेकं शरणं व्रज।
अहं त्वा सर्वपापेभ्यो मोक्षयिष्यामि मा शुचः॥ ४॥

प्राप्तं श्रीअरविन्देन समर्पणत्वं सम्पूर्णम्।
न केवलं स्वमोक्षाय लोकसंग्रहार्थे सदा॥ ५॥

तृतीयाध्याये गीतायां लोकसंग्रहसप्तकम्।
एते हि विशिष्टाः श्लोकाः श्रीघोषारविन्दमते॥ ६॥

वर्णितं नवरूपेण श्रीअरविन्दयोगिना।
पुरुषप्रकृतिज्ञानं लोकयात्राप्रकाशकम्॥ ७॥

कर्मयोगिन्-पत्रिकायां संदेशो देशवासिभ्यः।
दत्तः श्रीअरविन्देन मुक्तियुद्धो महामखः॥ ८॥

एतस्यां पत्रिकायां हि गीतायाः कृष्णस्य चित्रम्।
अग्रपृष्ठे संस्थापितं अवतारप्रतीकेन॥ ९॥

न केवलं कर्मयोगे लोकसंग्रहसन्देशः।
घोषितः पूर्णयोगेऽपि श्रीअरविन्दघोषेण॥ १०॥

आदौ तु लोकसंग्रहो लोकयात्रासम्पन्नाय।
पूर्णयोगप्राप्ते तस्मिन् अध्यात्मतत्त्वप्राधान्यम्॥ ११॥

सर्वमुक्तिघोषणा—

मुक्तिः वैयक्तिकामात्रा सर्वमुक्तिध्येयाद्विना।
स्वार्थाश्रिता ह्यपर्याप्ता श्रीघोषारविन्दमते॥ १२॥

अरविन्ददृष्टिः दिव्या प्रस्तुता स्वर्णलेखेन।
देशो मुक्तो भविष्यति कालेन स्थितप्रज्ञेन॥ १३॥

वक्तव्यमेतत् पूर्णत्वं प्राप्तं खलु कालान्तरे।
आगमदजयो गांधी स्थितप्रज्ञः सत्याग्रही ॥ १४ ॥

समर्पणबुद्धिप्रदो लोकसंग्रहप्रेरकः।
अरविन्दः पूर्णो योगी द्रष्टारूपेण पूजितः ॥ १५ ॥

एकादशोऽध्यायः

गांधिना अहिंसाप्रतिपादनं लोकसंग्रहार्थे

सामाजिकं वैषम्यं च संहर्तुं राजनैतिकम्।
अहिंसाप्रयोगः कृतो गीतापालकगांधिना॥ १॥

यद्यपि वर्णिता गीता युद्धभूमौ कुरुक्षेत्रे।
तथापि तस्यामहिंसा श्रीमोहनदासमते॥ २॥

सामाजिक्यामहिंसायां वस्तुतो लोकसंग्रहः।
तस्मिंश्चैव परं श्रेयो यः पश्यति स पश्यति॥ ३॥

अहिंसावृत्त्या लोकसंग्रहघोषणा—

धर्मं चर लोकसंग्रहमूलम्।
त्यज लोकसंहारं यथाशक्यम्॥

द्विमंत्राभ्यां प्रेरितो गांधीमतः।
हिंसावृत्त्या कुतो लोकसंग्रहः॥ ४॥

अहिंसया मुक्तिप्राप्तिः सम्पन्ना गांधिनेतृत्वे।
अपूर्वा विश्वेतिहासे यद्यप्यपूर्णत्वदोषः ॥ ५ ॥

सत्याग्रही कः प्रश्नस्य स्पष्टोत्तरो गांधीमते।
सत्याग्रही स्थितप्रज्ञो यथा वर्णितो गीतायाम् ॥ ६ ॥

न केवलं मुक्तिशत्रुः द्रष्टव्यो जनदोषोऽपि।
आन्तरिको दोष एव दारुणो रिपुरात्मनः ॥ ७ ॥

अस्पृश्यवर्गान् संपश्य भावेनात्मौपम्येन हि।
वस्तुतो हरिजनास्ते संदेशः श्रीमोहनस्य ॥ ८ ॥

विद्याविनयसम्पन्ने ब्राह्मणे गवि हस्तिनि।
शुनि चैव श्वपाके च पण्डिताः समदर्शिनः ॥ ९ ॥

आत्मौपम्येन सर्वत्र समं पश्यति योऽर्जुन।
सुखं वा यदि वा दुःखं स योगी परमो मतः ॥ १० ॥

मुक्तियुद्धे च नारीभिः दत्तः पूर्णः सहयोगः।
तथैव रचनात्मके सर्वाङ्गिके कार्यक्रमे ॥ ११ ॥

सर्वधर्मसमभावः सम्बोधितः पूर्वमपि।
प्रदत्तं मुक्तिसंग्रामे विशिष्टं स्थानं गांधिना ॥ १२ ॥

न पूर्णतया सफलः प्रयत्नो राजनैतिकः।
किं तु गांधीमार्ग एव कालान्तरे हितकरः ॥ १३ ॥

आधारा रायविवेकतिलकाः।
अरविन्दो नवदिशासूचकः॥

अहिंसया लोकहितं सदैव।
युगधर्मदीपो गांधी-प्रयोगः॥ १४॥

तृतीयो भागः

रेखाङ्कनं नवरूपाणां लोकसंग्रहस्य

द्वादशोऽध्यायः

अहिंसया भेदभावमुक्तये नवयुक्तिप्रयोगाः

अधुना घोरे वैषम्ये लोकसंग्रहभावना।
सुज्ञातव्या पालितव्या प्राप्तुं भेदभावमुक्तिम्॥ १॥

पारस्परिकं सौहार्द्यं वेदान्तेन समर्थितम्।
किं तु तस्य व्यवहारे पालनं खलु वाञ्छितम् ॥ २॥

यदा यदा सामाजिकं एकत्वं न्यायसङ्गतम्।
तदा तदा समुन्नतिं प्राप्ता हि देशवासिनः॥ ३॥

तदर्थं विषमां स्थितिं धर्मजातिलिङ्गभेदम्।
कर्तुं दूरं हि यत्नेयुः किं त्वहिंसायोगेनैव॥ ४॥

उभयगर्तघोषणा—

एकतः शोषणस्थितिः अन्यतो ह्यातङ्कदशा।
उभयविभ्रंशशङ्कां संहर्तुमहिंसायोगः॥ ५॥

अहिंसापरिपक्वार्थं नवप्रयोगाः कर्तव्याः।
आश्रित्य स्वावलम्बनं स्थित्वा मध्यममार्गे च॥ ६॥

उद्धरेदात्मनात्मानं नात्मानमवसादयेत्।
आत्मैव ह्यात्मनो बन्धुरात्मैव रिपुरात्मनः॥ ७॥

नात्यश्नतस्तु योगोऽस्ति न चैकान्तमनश्नतः।
न चातिस्वप्नशीलस्य जाग्रतो नैव चार्जुन॥ ८॥

युक्ताहारविहारस्य युक्तचेष्टस्य कर्मसु।
युक्तस्वप्नावबोधस्य योगो भवति दुःखहा॥ ९॥

आचरन् मध्यममार्गं स्वधर्मं सेवाप्रेरितम्।
नवरूपगीताशिक्षां स्वयं कुर्याच्च कारयेत्॥ १०॥

विशाले यंत्रसमूहे गतिशीलाः सर्वे यंत्राः।
लघुदीर्घभेदाद्विना यत्नो वाञ्छितः सर्वेषाम्॥ ११॥

त्रयोदशोऽध्यायः

यज्ञो नवरूपेण

यज्ञदानतपः कर्म ज्ञेयं नवीनरूपेण।
अनुसृत्य गीताभावं प्राप्तुं सर्वभूतहितम्॥ १॥

देवानां प्रसंगादुक्तो भावो यज्ञस्य गीतायाम्।
देवान् भावयतानेन ते देवा भावयन्तु वः॥ २॥

देवतुल्यभावेनैव ज्ञेयो जनसहयोगः।
परस्परं भावयन्तः श्रेयः परमवाप्स्यथ॥ ३॥

अधुना नवरूपेण यज्ञेन सर्ववर्णानाम्।
सर्वलोकहितकार्ये निःस्वार्थो हि सहयोगः॥ ४॥

वातावरणानुकूलो यज्ञघोषणा—

लोकसंग्रहप्रेरितं कृतं निःस्वार्थभावेन।
नवीनरूपं यज्ञस्य वायुरक्षणकारकम्॥ ५॥

सूत्रयंत्रसुचालनं यज्ञो हि मुक्तिसंग्रामे।
भूदानं च वितरणं यज्ञः श्रीविनोबामते ॥ ६ ॥

एवं सुवर्णिते यज्ञे नास्ति काष्ठप्रज्वलनम्।
यज्ञाय काष्ठज्वलनमनुचितं गांधीमते ॥ ७ ॥

आदौ काले वनानां तु बाहुल्यं दृष्टं भारते।
तदा काष्ठप्रज्वलनं न हि यज्ञे वर्तमाने ॥ ८ ॥

नवीना भाषा यज्ञस्य गीताज्ञानानुकूलैव।
सृष्टिचक्रप्रवर्तनं जपश्च यज्ञौ गीतायाम्॥ ९ ॥

चतुर्दशोऽध्यायः

तपोदानं नवरूपेण

नवीना भाषा यज्ञस्य यथोक्ता लोकरक्षार्थं।
तथैवाधुना वाञ्छिता तपसो दानस्यापि च॥ १॥

नवीना भाषा दानस्य धनाहंकारवर्जिता।
संविभागस्वरूपा हि वर्णिता श्रीशंकरेण॥ २॥

तद्दानं विनोबामते ज्ञेयं ऋणप्रकरणे।
देयं हि संविभागार्थमात्मौपम्येन भावेन॥ ३॥

ऋणभावाद्दत्तं दानं कृतज्ञताप्रकाशकम्।
नोचिता तत्प्रसंगे हि मानेच्छाहंकारस्तथा॥ ४॥

असहकारघोषणा त्यक्तनीतये—

दानं साहाय्यप्रदानं देयं केवलं पात्रेभ्यः।
त्यक्तनीतये तद्रूपं संज्ञितमसहकारम्॥ ५॥

पुनश्च तपस्वरूपं श्रीकृष्णादेशं संपश्यन्।
सात्त्विकमेव मन्तव्यं न घोरं न वा तामसम्॥ ६ ॥

अशास्त्रविहितं घोरं तप्यन्ते ये तपो जनाः।
दम्भाहंकारसंयुक्ताः कामरागबलान्विताः॥ ७ ॥

कर्षयन्तः शरीरस्थं भूतग्राममचेतसः।
मां चैवान्तः शरीरस्थं तान्विद्ध्यासुरनिश्चयान्॥ ८ ॥

पुनश्च भगवान् प्राह यत्तपः पीडाकारकम्।
परस्योत्सादनार्थं वा तत्तामसमुदाहृतम्॥ ९ ॥

सात्त्विके तपसि किं तु कष्टसहनं लोकार्थे।
तस्मिन् सत्यमहिंसा च वाक्यं प्रियहितं तथा॥ १० ॥

एवं सुपरिभाषितं यज्ञदानतपः कर्म।
निःश्रेयसकरं तथा लोकसंग्रहपूरकम्॥ ११ ॥

पञ्चदशोऽध्यायः

पुरुषार्था लोकसंग्रहसमन्विताः

पुरुषार्था हि चत्वारः प्रेयस्तेषामर्थः कामः।
तथा धर्मश्च मोक्षश्च श्रेयः प्रसंगात् वर्णितौ॥ १॥

प्रेयः कठोपनिषदि न वाञ्छितं हि धीमता।
स्वीकृतिः किं तु गीताया धर्माविरुद्धरूपेण॥ २॥

न्यायेनार्जितोऽर्थस्तथा दुरुपयोगवर्जितः।
दत्तः त्रस्तवर्गहिते प्राप्तव्यः संजयमते॥ ३॥

यत्र योगेश्वरः कृष्णो यत्र पार्थो धनुर्धरः।
तत्र श्रीर्विजयो भूतिर्ध्रुवा नीतिर्मतिर्मम॥ ४॥

तथैव कामो निष्पापो नीतिन्यायसमर्थितः।
शरीरयात्रापूरको लोकयात्राहितेऽपि च॥ ५॥

श्रेयोऽपि लक्ष्यं ज्ञातव्यं न केवलं वैयक्तिकम्।
सर्वमुक्तिरूपेण हि प्राप्तव्यं धर्मकर्मणा॥ ६॥

लोकार्थाद्विना पुरुषार्थानां अपूर्णत्वघोषणा—

लोकसंग्रहकर्मणा प्राप्तव्यं श्रेयो नान्यथा।
तस्मान्न लोकार्थाद्विना पूर्णत्वं पुरुषार्थानाम्॥ ७॥

धर्मेण हि समन्विताः पुरुषार्था लोकार्थश्च।
धर्मात् प्रेयश्च लोकार्थः श्रेयो लोकहितधर्मात्॥ ८॥

षोडशोऽध्यायः

पारिवारिकसम्बन्धाद् दायित्वभावदर्शनम्

पारिवारिकाः सम्बन्धा मधुरकटुमिश्रिताः।
परं तु तेभ्यः प्राप्तव्यं दायित्वभावदर्शनम्॥ १॥

देवानां प्रसंगादुक्ता भाषा स्तेनस्य गीतायाम्।
तैर्दत्तानप्रदायैभ्यो यो भुंक्ते स्तेन एव सः॥ २॥

देवतुल्यभावेनैव साहाय्यं मातृपितृभ्याम्।
आदौ गृह्णाति संततिः तस्मात् कालेन दायित्वम्॥ ३॥

आयुभेदात् मूल्यभेदात् त्यक्तं तु चेत् तद्दायित्वम्।
गीताशिक्षानुसारेण ज्ञातव्या स्तेनवृत्तिः सा॥ ४॥

दूरदर्शनात् बालानां कुसंगात्तु युवकानाम्।
सात्त्विकगुणनाशनं न रुचिः पितृमूल्येषु॥ ५॥

अष्टादशायुप्राप्ते चेत् उच्चरेत् पूर्णस्वातंत्र्यम्।
कर्तव्यविनाधिकारं तस्मात् का दायित्वशिक्षा॥ ६॥

लक्ष्यं बालपालनस्य सुपात्रगुणवर्धनम्।
रक्षणं मादकद्रव्यात् हिंसाशस्त्रवृत्तिस्तु न ॥ ७ ॥

ऋणभावः चेन्मात्रे च पित्रे सर्ववरेभ्यश्च।
कर्तव्यभावादेतस्मात् सात्त्विकमूल्यवर्धनम् ॥ ८ ॥

दायित्वभावघोषणा—

न केवलं स्वजनेभ्यः तथैव सर्वलोकाय।
दायित्वभावः प्राप्तव्यो भूतानां साहाय्यं प्रति ॥ ९ ॥

युवकानां स्वातंत्र्यं च बालपालने साफल्यम्।
संतुलनं द्विपक्षयोः लोकसंग्रहसाधनम् ॥ १० ॥

सप्तदशोऽध्यायः

अहंकारो रिपुर्महान्

लोकसंग्रहे संलग्नमहंकारो रिपुर्महान्।
अहंकारविमूढात्मा कर्ताहमिति मन्यते ॥ १ ॥

अहंकारजनितद्वेषघोषणा—

अहंकारं बलं दर्पं कामं क्रोधं च संश्रिताः।
प्रद्विषन्तः प्राह कृष्णो मामात्मपरदेहेषु ॥ २ ॥

अहंकारजनितेन नष्टं सत्कर्म द्वेषेण।
कर्ता सात्त्विको गीतायां मुक्तसंगोऽनहंवादी ॥ ३ ॥

अहंकारं कथं दूरं कुर्यात् लोकहितकर्ता।
कर्मसमर्पणरूपा दर्शिता विधिः कृष्णेन ॥ ४ ॥

यत्करोषि यदश्नासि यज्जुहोषि ददासि यत्।
यत्तपस्यसि कौन्तेय तत्कुरुष्व मदर्पणम् ॥ ५ ॥

कृष्णार्पणभावकृतं निमित्तमात्रं यत्कर्म।
अवश्यमेव निष्पापं निःस्वार्थं च जनहिते ॥ ६ ॥

यत्रेश्वरार्पितबुद्धिः सात्त्विकरूपं कर्म च।
कथं न लक्ष्यप्राप्तिर्हि कर्ता चेद् दृढनिश्चयः ॥ ७ ॥

त्यक्ताहंकार एव यो न तं विद्धि निस्तेजं हि।
अनहंवादी गीतायां धृत्युत्साहसमन्वितः ॥ ८ ॥

निरहंकारभावेन सहयोगसंवर्धनः।
शक्यं तेनैव भावेन लोकसंग्रहकार्यं हि ॥ ९ ॥

अष्टादशोऽध्यायः

उपसंहाररूपेण लोकसंग्रहसप्तकम्

उपसंहाररूपेण शृण्वन्तु श्रीगीतासारम्।
धारयन्तं नवरूपं लोकसंग्रहसप्तकम्॥ १॥

लोकसंग्रहसप्तकम्

त्रस्तजनवर्गरक्षा लोकसंग्रहकार्यं हि।
तथैव सेवा दीनानां संघर्षो न्यायप्राप्तये॥ २॥

सात्त्विकतपसाधनं यथाशक्यमहिंसा च।
स्वलाभात् स्वजनहितात् परं लक्ष्यं सर्वहितम्॥ ३॥

स्वार्थमात्रं तामसिकं स्वजनसीमां राजसम्।
सात्त्विकं लोकसंग्रहं ज्ञेयं सारं समासतः॥ ४॥

श्रेयोऽर्थं नरजीवनं साधनं लोकसंग्रहः।
लोकसंग्रहे येनैव श्रेयो दृष्टं स दर्शकः॥ ५॥

लोकसंग्रहो भावैक्यो धर्मलिंगभेदाद्विना।
भेदभावमुक्तये तु कर्तव्योऽहिंसको यत्नः ॥ ६ ॥

नवयुक्तिप्रयोगाद्धि सात्त्विकमूल्यवर्धनम्।
दायित्वभावः प्राप्तव्यः सर्वभूतहितं प्रति ॥ ७ ॥

लोकसंग्रहः कर्मण आधार आदौ वर्णितः।
तथैव भक्तौ ज्ञाने च विशिष्टो लोकसंग्रहः ॥ ८ ॥

लेखक का परिचय

इस पुस्तक के लेखक डॉ० सत्य प्रकाश अग्रवाल एक ऐसे परिवार के सदस्य हैं जिसको ईश्वर ने कई पीढ़ियों से विद्याप्राप्ति तथा सद्भाव-सम्पन्नता का मानो वरदान दिया हो। इस कुल के अनेकों व्यक्तियों ने उच्च शिक्षा के क्षेत्र में—भारत में तथा विदेशों में भी—उल्लेखनीय ख्याति प्राप्त की है। स्वयं सत्य प्रकाश को पीएच०डी० पूरी करने तक पाँच स्वर्ण पदकों से सम्मानित किया गया। सद्भाव-प्रेरित जनसेवा के क्षेत्र में लेखक के पिताजी का नाम १९२० से १९५० तक सर्वहित-कार्यक्रमों से जुड़ा रहा। लेखक ने १९५४ में कैलिफोर्निया विश्वविद्यालय, बर्कले, यू०एस०ए० में हिन्दी-पाठ का आरम्भ करवाया। उन्होंने संयुक्त राष्ट्र के मुख्य सलाहकार के रूप में विकासशील देशों की सेवा की। गीता पर उनकी पहली पुस्तक १९९३ में प्रकाशित हुई जिसके उपलक्ष्य में मेरीलैंड स्टेट (यू०एस०ए०) के गवर्नर ने लेखक को प्रशस्ति-पत्र दिया। गीता पर उनकी दूसरी पुस्तक—स्वरचित संस्कृत के श्लोकों के कारण—एक अनुपम रचना थी और १९९५ में भारत के राष्ट्रपति ने जनसेवा-प्रेरक ग्रंथ के रूप में उसकी सराहना की। संस्कृत के वे ही स्वरचित श्लोक—बिना किसी टिप्पणी के—वर्तमान पुस्तक में प्रस्तुत हैं। यह भी उल्लेखनीय है कि लेखक की तीसरी पुस्तक "तुलसीरामायण··जगमंगल परायण" को दो पुरस्कार मिल चुके हैं—कुंती गोयल अन्तर्राष्ट्रीय पुरस्कार तथा मानस संगम, कानपुर का साहित्य सम्मान अर्थात् तुलसी पंचशती वर्ष का विशिष्ट पुरस्कार।